容易生氣怎麼辦？

學習情緒管理和放鬆心情

文‧圖／瑞秋‧布瑞恩 Rachel Brian

譯／羅吉希

獻給勇敢的恩佐：
他用溫暖的擁抱接納焦慮，
即使他的焦慮從沒消失過，他也能永遠聽從自己的心。

本書為虛構作品，書中人物、姓名、角色及偶發事件，
都出自作者想像，如有雷同，純屬巧合。

容易緊張怎麼辦？
學習情緒管理和放鬆心情

作者｜瑞秋‧布瑞恩 Rachel Brian
翻譯｜羅吉希

字畝文化創意有限公司

社長兼總編輯｜馮季眉
責任編輯｜巫佳蓮
美術設計｜文皇工作室

出　　版｜字畝文化／遠足文化事業股份有限公司
發　　行｜遠足文化事業股份有限公司
　　　　　（讀書共和國出版集團）
地　　址｜231新北市新店區民權路108-2號9樓
電　　話｜(02)2218-1417
傳　　真｜(02)8667-1065
客服信箱｜service@bookrep.com.tw
網路書店｜www.bookrep.com.tw
團體訂購請洽業務部 (02) 2218-1417 分機1124

法律顧問｜華洋法律事務所　蘇文生律師
印　　製｜中原造像股份有限公司

2023年1月　初版一刷　2024年7月　初版三刷
定價｜350元　書號｜XBTH0079　ISBN｜978-626-7200-22-3

特別聲明：有關本書中的言論內容，不代表本公司／出版集團之立場與意見，文責由作者自行承擔。

The Worry (Less) Book: Feel Strong, Find Calm,
and Tame Your Anxiety!
Copyright © 2020 by Rachel Brian
Cover illustration copyright © 2020 by Rachel Brian.
Cover design by Jenny Kimura.
Cover copyright © 2020 by Hachette Book Group, Inc.
Complex Chinese translation rights © 2022, WordField
Publishing Ltd., a division of WALKERS CULTURAL
ENTERPRISE LTD.
Published by arrangement through Andrew Nurnberg
Associates International Limited.

國家圖書館出版品預行編目（CIP）資料

容易緊張怎麼辦？學習情緒管理和放鬆心情／
　瑞秋‧布瑞恩(Rachel Brian)文‧圖；羅吉希 譯.
　-- 初版. -- 新北市：字畝文化創意有限公司出版：
　遠足文化事業股份有限公司發行, 2023.01
　64面；15 x 20.3公分
　譯自：The worry (less) book : feel strong, find calm, and
　　tame your anxiety!
　ISBN 978-626-7200-22-3(精裝)

1.CST: 兒童心理學 2.CST: 焦慮 3.CST: 漫畫

173.1　　　　　　　　　　　　　　　　111015309

歡迎翻開這本書！

這本書是為了憂慮的人而寫的，
對！沒錯──每個人都用得著！

這本書能夠：

解釋焦慮引起的身體反應
我生病了嗎？（沒有！）

幫助你辨認焦慮
這就是焦慮！

呼……
告訴你如何冷靜下來。

這本書不能夠：

改變你憂慮的方式
這是自然的反應

幫你收拾臭襪子
別想！

讓所有的焦慮消失
討厭！

等等！
到底什麼是
焦慮？

焦慮是一種
內心的感覺，

就好比

快樂 和 生氣 和 希望！

它是一種不舒服的感覺，像是：

天啊！

憂慮　　　　　緊張　　　　　害怕

焦慮可以警告
我們有危險，

但也會讓我們
非常不好受！

小心！
謝啦！
危險！
噢！
焦慮
焦慮

4

不管你的焦慮情況嚴重或輕微：

只有某些特定的事
會讓你有點緊張，

或是

對一大堆事情
感到無比焦慮

上課
被老師
點到

所有
的狗！

自助餐裡
的青菜

搭公車
出門

惡犬

交新朋友

霸凌

才藝表演

數學
小考

這本書想要幫助你：

發現你的焦慮感受

逮到你了！

喔！

焦慮

了解焦慮是
生活的一部分

又是你！

哈囉！

找到能夠恢復
平靜的辦法

掰啦！

工具箱

1 身體天生的 警報系統

每一天，每個人都會經驗到
許多開心或是不開心的感受，

7:00 牙膏亂噴 呃… 惱怒

9:00 見到朋友 興奮

1:00 課堂小考 喔不 壓力

3:00 踢足球 得意

而且， 每一個人 都有焦慮的時候。

我現在就感覺好緊張！

焦慮就像安裝在你身體裡的警報系統，
提前警告你會有危險。

有時候，警報系統警鈴大作，
那是因為大腦**預測**：
你就要遇到大麻煩了！

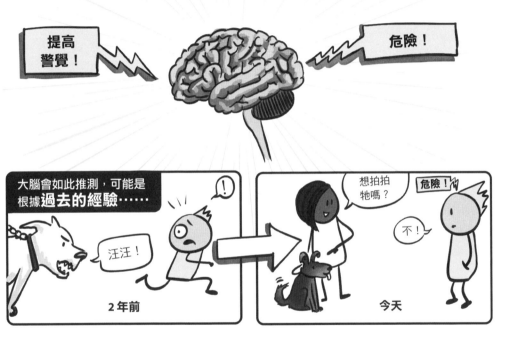

通常，焦慮有許多
不同的表現方式。

你可能會覺得……

心裡不舒坦
通常是事情
不順利的時候

害怕極了
畏懼眼前出現的
危險事物。

神經緊張
坐立不安，心驚
膽跳，心情忐忑

不斷憂慮
無法不去想像未來
可能會有的麻煩

壓力山大
情緒緊繃，
瀕臨崩潰。

恐懼驚慌
忽然被強烈的
恐慌籠罩。

雖然我們大部分的時候都不喜歡焦慮，
但有些焦慮對我們是很有幫助的：

大腦對未來的判斷
和預測，可以幫助
你 **安全過關** 。

我很罩吧！

但是，如果**焦慮太嚴重**，可能會得到反效果：

杞人憂天是沒有用的……

特別是，當你煩惱的問題根本不存在的時候。

有時候，我們會莫名焦慮。
即使沒什麼好焦慮的，
但你就是感到非常憂慮。

也有些時候，
確實有事情引起你的焦慮，
只是你搞不清楚是哪件事。

你無法選擇什麼時候，
為哪些事感到焦慮。

大腦啊！我真的很不想要這種感覺。

喔，真抱歉，這些事由不得你決定。

**有些人天生就比一般人更容易，
或是更強烈感受到焦慮。**

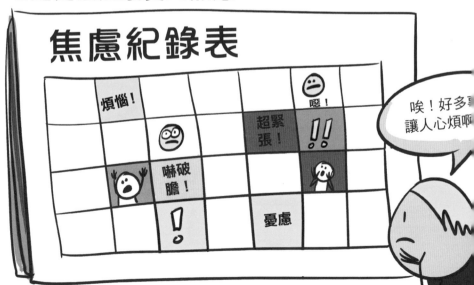

焦慮紀錄表

煩惱！				☹ 噯！	
	☺		超緊張！	‼	
嚇破膽！				☹	
	!		憂慮		

唉！好多事讓人心煩啊！

你感受到的焦慮會上上下下，
有高低起伏。

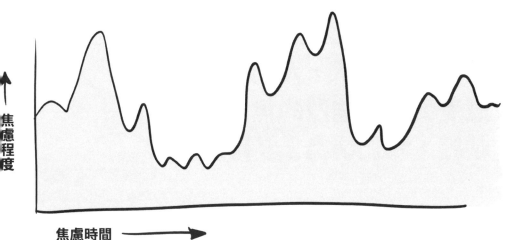

但是，焦慮無法化為數字，
沒有「最佳健康值」或「危險數值」。

你感覺到的焦慮，
就是你的焦慮！

你可能不知道！

在某些情況下，人們會忽然感受到一股強烈的焦慮，這樣的情緒，我們稱為**恐慌**。

我有過這種感覺！

那可能是一種壓倒性的恐懼。

喘

也可能是一種身體的反應。

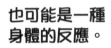

噢！胸口好痛！

但是別擔心，就算是恐慌這種強烈的感覺，也不會傷害你的身體。

就只是一大團的我！

2 是誰在搞怪？都是焦慮惹的禍！

如果你不知道什麼是焦慮，你有可能會大吃一驚。

但是，當你能夠辨認這種感覺時，就沒那麼嚇人了。

有些時候焦慮會出現在你各式各樣的念頭中，特別是你在煩惱某些事情的時候。

有時壓力過大的經驗，會留下強烈而且揮之不去的感覺：

有時候，焦慮也會造成 不舒服的 感覺：

無法專心

頭痛

暈眩

躁熱臉紅

冒汗

或

畏寒發冷

呼吸困難

心跳加速

胸痛

胃痛

發麻刺痛

無法入睡

膝蓋顫抖

肌肉緊張

你可能有以上一兩樣症狀， 可能完全沒有，或者統統都有！

焦慮對**身體**造成的影響

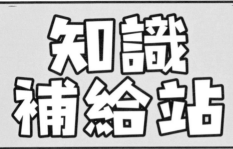

鏘鏘！

首先，
身體會釋放出
腎上腺素。
（一種壓力荷爾蒙）

啊啊啊！

我只是想吃點義大利麵！

腎上腺素會使你呼吸變快、心跳加速。如果你剛好要逃離一隻憤怒的浣熊，很適合來點腎上腺素！

但如果你想要冷靜下來或進入夢鄉，那就不大妙了。

呼吸加快

心跳加速

肌肉進入備戰狀態！

焦慮讓你覺得好像要大禍臨頭了……

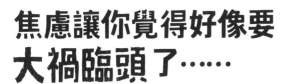

是我害的？抱歉喔！

覺得很焦慮嗎？

對呀，真的**太可怕了**！

那只是你身體的自然反應，雖然感覺很糟，但是你不會有事的。

真的嗎？啊，真是鬆了一口氣！

好喔，等著瞧！還要多久啊？

欸，我準備兩點要去吃點心……

事實上，這種很糟的感覺會隨著時間過去而慢慢消失。

有時候，知道焦慮只是一時的感受，
不會造成危險，對於緩解焦慮很有幫助。

我知道我會好起來的！

時間過去

呼……

人們焦慮的時候，
有許多不同的反應：

你愈了解焦慮是怎麼一回事，

（現在你知道它有許多偽裝了。）

你就愈有能力可以直接處理焦慮。

你可能不知道！

說到現在，你也許會覺得奇怪：

> 如果焦慮是種能幫助我們的自然反應，為何我們有這麼多沒有用處的焦慮呢？

事實上，大自然創造了許多很酷又很有效的調節作用：

看這世界多美妙！

明亮的雙眼

穿起來可愛又保暖！

毛茸茸外套

可以拉開易開罐！

大拇指和小指可以碰在一起

但是，也有些本能反應會讓生活變得比較困難：

被燈光催眠！

在高速公路上的鹿

天啊！我的盲腸好痛！

盲腸發炎

喔！不！我又要撞上蠟燭了！

飛蛾撲火趨光反應

所以嚕……一樣的道理，
你的焦慮是天生的恩賜，但也會帶來一些挑戰。

3 憂慮阻擋你前進嗎?

現在,你知道如何
指認焦慮這種情緒了。
(做得好!)

所以,此刻你應該開始認真思考,
憂慮是否阻擋了你前進?

你如何判斷焦慮是否已對你造成負面影響？

問問你自己：我現在正在做的這件事，對我來說重要嗎？

糟糕，焦慮變成絆腳石了。

太棒了！焦慮無法阻擋你前進！

唉呀，你的路被焦慮卡住了！

太帥了！焦慮被你丟到一邊啦！

如果大部分的時候，你都覺得很焦慮，你就很難去做自己真正想做的事！

你也許已經發現，
焦慮會引起一些問題，像是……

睡眠問題

如果想知道焦慮是否已經影響你的生活，最好的方法之一，就是觀察自己是不是在

如果你正在逃避以下事物：

雖然目前體溫正常，但我好像要發燒了。

不想上學

我想和你談一談……

害怕和別人衝突

不！

嘿，看看！那裡有個派對！

逃離社交場合

那麼，你很可能正在經歷很大的焦慮感。

歡樂屁孩的放屁派對

最糟的狀況是什麼？

有時候，你想像中最糟的事，
根本沒什麼大不了。

4 感覺自己糟透了？好好照顧自己！

耶！

如果焦慮讓你心情低落，你也許需要一些工具讓自己回復平靜，並且走出沮喪。

舒緩焦慮工具箱

裡面的工具，可以處理你的焦慮。

像這些嗎？

不是啦！不是一般的工具。

當你覺得很焦慮的時候，這些策略能夠幫上你的忙。

這裡有些好方法

讓我們開始
好好照顧
自己的身心！

現在的你覺得不太舒服……

哇！

唉！

但有些方法可以讓你感覺好一點。

你的身體其實
和家裡的盆栽
有些相似。

是嗎？

沒錯！

如果你用心照顧盆栽，它們就會長得很好。

如果你不好好照顧，它們就會枯萎。

你的身體狀況也是一樣的！

你需要做好一些基本的事，才能感覺舒服有精神。
如果你疏忽了這些事，心情也會受到影響。

要感覺舒適健康，
每個人需要做的事並不相同。

當你覺得糟透了，問問自己：

如果我花一點時間做這些事，感覺會好一點嗎？

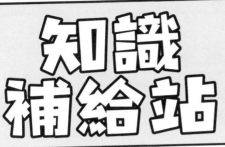

知識補給站

為什麼這些簡單的小撇步有時候對你這麼有用？

提高警覺！

當你疲倦、飢餓、口渴、悶熱，或是冷到發抖時，你的身體是在告訴你：有些事不對勁了。

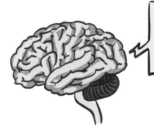

失控狀態！警報啟動！

這些身體狀態會啟動大腦的警報系統。

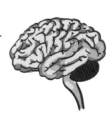

呼～

如果你能夠讓身體放鬆一點，有時候，你的大腦也能冷靜一些。

只是誤觸警鈴？真是太好了！恢復冷靜吧！

通緝令

哪些事物會讓焦慮變得更嚴重？

| 咖啡因 | 糖分
攝取過多 | 長時間
盯著螢幕 |

小心提防這些惡名昭彰的傢伙作亂！
如果你能和這些罪魁禍首保持距離，

神清氣爽不緊張

就是你最棒的獎勵和報酬！

好吧，如果該避免的事
你都已經保持距離了，

仍舊覺得

很焦慮……

現在，我整個肚子都塞滿了焦慮和三明治！

你可以再找找看，有沒有其他
能幫助你冷靜和放鬆的工具。

你看！
我找到一支
扳手！

≶唉唷!≶
工具只是個
說法啦！

5 訓練你的大腦

坐下！
別亂跑！
大腦乖乖！

當然，你不可能**完全控制**你的大腦。

大腦啊！忘掉我那關於
內褲的可恥意外吧！

不要！

現在就停止焦慮！

誰理
你！

你只能想
那些快樂的事！

恕難
從命！

你無法控制大腦，
就像你無法控制身體大部分的器官一樣。

現在馬上立刻
停止消化作用！

別再流
汗了！

但是，在深陷焦慮的情況下，你還是可以作一些事，幫助大腦和身體回到 平衡狀態。

你可以將這些緩解策略，放進你的 焦慮工具箱 裡。

在你非常焦慮時，有些做法可以讓你冷靜下來，有的則能幫助你維持身心健康，並且調適良好。

39

緩解焦慮策略❶
學習4-4-4呼吸法

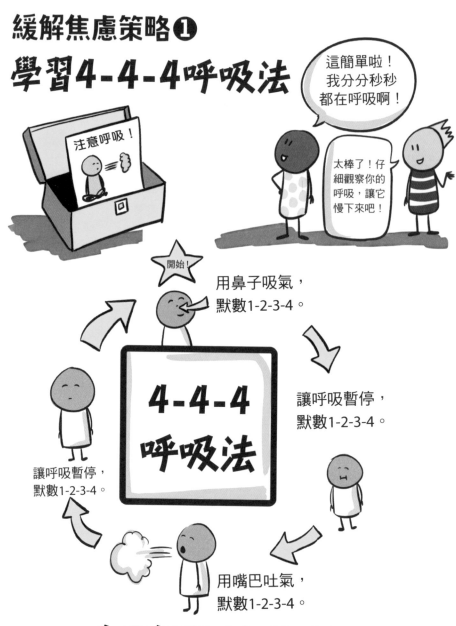

這簡單啦！我分分秒秒都在呼吸啊！

太棒了！仔細觀察你的呼吸，讓它慢下來吧！

注意呼吸！

開始！

用鼻子吸氣，默數1-2-3-4。

4-4-4 呼吸法

讓呼吸暫停，默數1-2-3-4。

讓呼吸暫停，默數1-2-3-4。

用嘴巴吐氣，默數1-2-3-4。

在吸氣和吐氣的時候，專心感受有什麼樣的感覺。

策略奏效
的祕密

放慢
呼吸速度

焦慮
就像汽車
加速器。

呼吸變快！

身體釋出
腎上腺素！

心跳
加速！

情緒緊張，
更加忐忑不安。

放慢呼吸
就像
踩剎車。

呼～

刺激迷走神經
（這是一件好事！）

心跳速度
變慢

變得比較冷靜
而且放鬆。

41

緩解焦慮策略❷
用心關注感官體驗

從這裡開始！

觀察看得到的5樣東西。

· 窗戶
· 黃色地毯
· 你的雙手
· 蒼蠅
· 用過的OK繃

品嘗1種食物滋味。

· 現做的三明治（鮪魚！）

· 窗
· 枕頭
· 雙腳踏定的地面
· 空氣
· 剛才看到的OK繃

碰觸摸得到的4樣東西。

嗅聞可辨識的2種味道。

· 鉛筆
· 自己的襪子（嘔！）

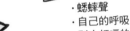

· 蟋蟀聲
· 自己的呼吸
· 別人打嗝的聲音

聆賞聽得到的3種聲響。

策略奏效的祕密

當你感到焦慮的時候，你的大腦可能會非常激動，或是執著於各種不安的念頭。

這時，如果能轉而注意自己的身體或其他感官，大腦就有機會能恢復平靜。

能夠停下來真是謝天謝地！

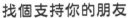

緩解焦慮策略❸
持續記錄
憂慮日記

寫下所有你正在
憂慮的事。

找個支持你的朋友
或是成人，
分享你的
憂慮日記。

你甚至可以晚
點再關注你的
憂慮事項，有
時這樣可以幫
助你放鬆。

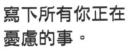

明天再考慮
這些問題：

策略奏效的祕密

當你能夠面對這些焦慮時，
它們看來就不會那麼恐怖了。

你好！

哈囉！

緩解焦慮策略❹
讓肌肉放輕鬆

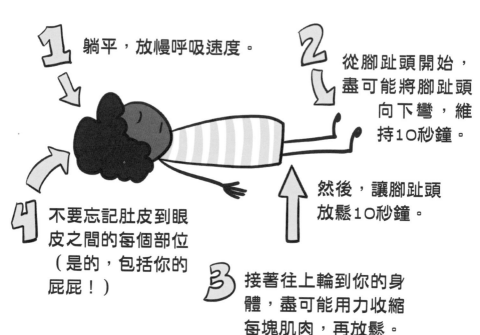

1 躺平，放慢呼吸速度。

2 從腳趾頭開始，盡可能將腳趾頭向下彎，維持10秒鐘。

然後，讓腳趾頭放鬆10秒鐘。

3 接著往上輪到你的身體，盡可能用力收縮每塊肌肉，再放鬆。

4 不要忘記肚皮到眼皮之間的每個部位（是的，包括你的屁屁！）

策略奏效的祕密

當你感到焦慮時，你的肌肉通常都是緊張、硬梆梆的。這個方法可以幫助你的肌肉群放輕鬆。

緩解焦慮策略❺
讓你放輕鬆的
想像力訓練

如果不舒服的想法在腦子裡轉
個不停，試著想像自己置身於
一個能夠放輕鬆的地方。

這地方看起來如何？

會有什麼樣的音樂？

讓你有什麼樣的感覺？

舒服～

可以聞到什麼樣的味道？

策略奏效的祕密

當你想像某些事物時，你的腦袋
會把這些腦海中的想像，當成真正的經
歷。所以想像一個能夠讓你放輕鬆的地
方，能夠幫助你的大腦放輕鬆。

嘿！你把我
當傻子！

不過，感覺
真是棒極了！

緩解焦慮策略❻
挑戰你的負面想法

飄過你腦中的各種想法，
大部分都不會變成真的。

我告訴你，
我們完蛋了！
完蛋了！

我們沒那
麼糟，真
的啦！

所以，當腦中浮現負面想法時，
問自己兩個問題：

1 接下來可能會
怎麼發展？

2 情況最糟會怎樣？
要如何處理？

策略奏效的祕密

如果你知道事情不大可能會照你的憂慮發展，
而且不管發生什麼狀況，你都能夠處理，就能
減少焦慮，使你變得自信。

當你感覺焦慮時，這 **6** 個工具
可以幫助你掙脫消沉的陷阱。

下次見嘍！

下面還有幾個工具是你每天都可以運用的！

運動

7 每天運動30分鐘可以幫助身體對抗焦慮。

8 和關心你、支持你的夥伴多聊聊。

救命！

我在呢！

← 好的傾聽者

增加人際接觸

拔掉插頭

9 好好休息。別再盯著螢幕，接觸大自然或放鬆一下。

6 勇敢走出 你的小圈圈

就是你的舒適圈啦！

你的舒適圈，指的是你的生活中，熟悉的、能夠輕鬆面對的部分。

喔！好舒服啊！

有些人的舒適圈範圍很大：

學習新技能

探險

嘗試新菜色

認識新朋友

分享想法

我認為……

有些人舒適圈範圍很小：

玩狗

看電影

無論你的舒適圈大還是小，走出舒適圈，嘗試令人興奮的新事物，可以讓你的生活更有樂趣，得到更多收穫！

走出你的舒適圈，
有可能會讓你**不大舒服**。

但是，工具箱裡的那些好辦法，
能夠幫助你勇敢的
跳出舒適圈！

另外，擴大舒適圈最好的辦法，就是……

喔！是什麼？

做那些會讓你覺得
不舒服的事。

就像是：

等等！現在是什麼情況？

砰！

我忘了

嘗試新的運動　　或是上臺講話

這些事做得愈多，
大腦和身體就愈熟悉這些事。

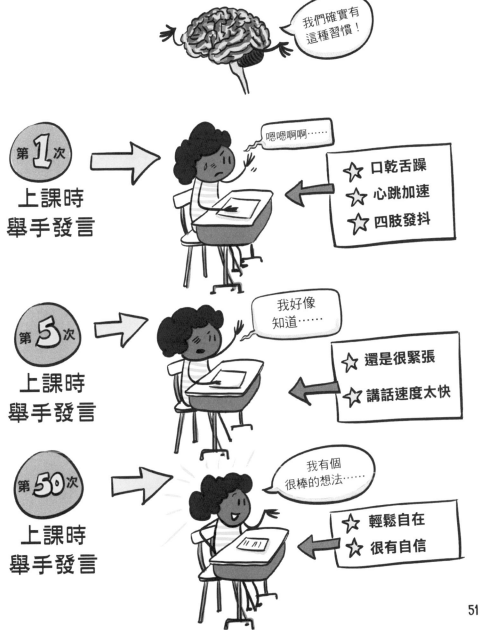

你愈能忍受**不舒適**
的感覺，

這些事確實都很困
難，但是我有試著
去做而且完成了！
我以自己為榮！

你就愈能在
大多時候覺得舒適。

感覺自信
又得意！

哈維狗狗的故事

好可怕怎麼辦?

狗兒哈維很滿意現在的生活。

牠很喜歡在人類膝上睡午覺,

享受點心,

肚子被撓撓摸摸,

哈維不喜歡的只有一件事⋯⋯

就是 **出門!**

不不不不!

來嘛!

戶外充滿了哈維害怕的事

喔

翻倒的花盆

?

!

垃圾筒

牠們永遠不會發現我在這兒!

?

其他的友善狗狗

有一天，一株高大的野草被風吹彎，嚇了哈維一大跳。

但是哈維還是每天跨出家門。（狗狗總是得出門尿尿呀。）

我會安全回家的！

雖然牠還是很害怕。

這溼答答的恐怖東西是什麼？

牠到處探險。

嗯……聞起來好香！

牠開始覺得比較不那麼害怕了。

當然，有時候還是會害怕。

趕快躲起來！

不過還好啦！因為有時候牠一點兒也不害怕。

哈囉，野草！

牠變得愈來愈自在

哇，我好像吞了一隻蜜蜂！

愈來愈自在

耶～！

牠終於可以自由自在的享受「狗」生了！

全劇終

7 接受預料中的失敗

啥？

許多事都會引發焦慮，
但是大部分的焦慮，都是相同的原因引起的——

害怕失敗

天哪！

但是，事情在成功之前，
你通常得經歷
很多次的失敗。

說第一個字	邁開第一步	第一次綁鞋帶	第一次投籃

狗！

唉唷！

！

碰！

你得去大膽冒險！

為了學習和成長，有時候你必須冒險。

> 冒險？
> 聽起來好危險！

不過，這裡說的「冒險」不是會有
生命安全的那種，

（不是要你蒙住
眼睛，手拿魚骨
頭和大白鯊一起
游泳！）

而是雖然一開始會緊張，
但其實很安全的那種冒險。

試吃沒嘗過的食物

學習一種新語言

報名舞蹈課

學騎腳踏車

有很多人會試著讓生活
看起來十全十美

（特別是在網路上）

❤ 750

❤ 1,025

一分鐘後的真相

但是事實上，生活中也有很多困難、緊張、
悲傷和難為情的時刻。

我絕不會把這些事情
PO出來！

為什麼人們很少談論 失敗 呢？

這個嘛，因為有些時候，在一大堆的焦慮中，還藏著一個非常大的憂慮。

你要挖得夠深，才能發現它。

是不是我還不夠好？

我要告訴你的好消息是：

其實，
你真的已經
非常棒了！

你只要成為你自己就行了！

就算只有一個人按讚，
而且那人是你媽

不管你考了
一個爛成績

還是犯了一個
天大的錯誤

你的不完美，造就了你這個人。

想想看，假如你很完美，
那你會是個多多多多……
多麼無聊的人啊！

放棄必須盡善盡美的想法，
就可以減緩你的焦慮。

當你碰到以下情況時：

事情發展不順利

有人對你很生氣

憂心過去或未來……

假如變成那樣怎麼辦？

記得下列這件事，也許能對你有幫助：
困難只是生活的一部分，不代表你不好。

這個分數不能代表我，我只是需要更多練習。

我有時候會犯錯，但是我通常處理得還不錯。

煩惱是正常的，我也常想到很多值得感恩的事。

8 尋求支持與幫助

如果你的焦慮太嚴重，無法獨自解決，別一個人坐在那裡發愁！

你可以找人幫助你。

治療師

心理學家

能夠開藥
給你的醫生

此外還有很多資源：

上網查找
關鍵字：
焦慮症、
情緒困擾、
衛福部

我需要有人幫助我
熟悉減緩焦慮的工
具，這並不丟臉！

61

你可能不知道!

當一個人陷入焦慮時,
不見得身邊每個人都能理解⋯⋯

好了啦!沒事!

別那麼
幼稚好嗎?

有啥大不了的?

你只是
自私!

有些人會為此覺得沮喪、取笑你,
甚至還會為此生氣。

試試這些
方法!

如何對焦慮的人表達支持?

不帶批評的
聆聽

試著理解
他的想法

問他需要
哪些支持

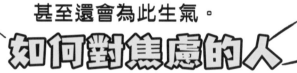

聽起來
真的很困難。

我相信你。
我可以幫什麼忙?

謝謝你。

聽到你這麼說,
我感覺好多了。

不管你的焦慮有多嚴重，
都只是你的一部分感受。

我的確有些焦慮，
但是……

● 我是大家的
好朋友。

● 我會做很棒的
起司三明治！

● 我愛玩滑板！

● 我的素描本
裡有許多很
酷的作品。

● 我相信我
自己！

而且，就算覺得焦慮，
你還是可以很勇敢！

成為
勇敢的人
不代表你不會再害怕或焦慮。

勇敢的真意是，儘管你很焦慮，
你還是會想辦法去做那些
你認為重要的事。

你所克服的每一個
挑戰，無論大小，
都會讓你更強壯，
更有自信。

謝 辭

感謝羅倫佐·貝塔傑利亞，他對焦慮的世界有豐富的個人觀察和許多創意點子。他對本書仔細的閱讀和建議，是無價的珍寶。

莉莎·約克維茲，我的編輯，你把這本書從印象畫般的初稿排成可以線性閱讀的版面，謝謝你的辛勤工作，讓這本書變成對孩子的有力幫助。你的力量是多麼的強大啊！

感謝蘿拉·侯斯莉，你聰明的評論和神奇有趣的標題讓這本書更為具體。

感謝蘿拉·衛斯寶格，當我把點子畫在吃轟炸大蕉派時用的餐巾紙上時，你深刻的同情和聰明的點子解救了我。

感謝我聰明理智的姐妹，我永遠都需要借用你的腦袋和洞見。

感謝克萊娜·格拉達和樺樹出版的工作團隊。你們讓這本書最終的形式如此的美麗。

感謝莫莉·葛懷恩，了不起的經紀人，永遠都能作出聰明的決定。

感謝伊莉莎白·柯恩博士，認知行為專家，聰明的心理治療師，神奇且有睿智眼光的專業人士，謝謝成為我的專業讀者，提供很棒的意見以及兒童讀者能夠運用的策略。

感謝約翰·P·佛塞斯博士，他寫的《接納與承諾治療》對我深具啟發，感謝你以對ACT的深厚了解為基礎，在仔細閱讀本書內容後，對我作出的審慎回饋。你所提出的接納並容忍對焦慮抗爭的概念，是本書的重要關鍵。

感謝安琪拉·魯德，對兒童與焦慮的關聯有強烈直覺的社會工作者，感謝你仔細的閱讀與回饋。

感謝傑利·塔巴特四十年來的友誼。我能認識你，真是太幸運了！

感謝蘿拉和米羅·貝塔傑利亞，你們提供無數點子，讓我明白焦慮對兒童的影響。感謝你們在我寫作這本書時，總是耐心的包容我。（對不起，讓你們吃了那麼多的披薩！）

至於麥可·阿魯鳩，你既給了我鼓勵，卻也使我在創作時不斷分心。你教導我在和這些點子角力，好把它們放進書頁時，既需要平衡，也要保持鎮定。

作者介紹

瑞秋・布瑞恩 Rachel Brian

藍椅子工作室的創辦人和首席動畫師，曾在高中和大學教授生理學、生物學和數學，是一名研究員和教育家。她製作的影片〈同意喝茶與積極同意〉被翻譯成二十多種語言，且在全球平台上擁有超過1.5億次觀看。

譯者介紹

羅吉希

臺北市大教育研究所博士候選人，現任校園出版社編輯，曾任國語日報週刊主編、聯合報綜藝中心編輯。譯有繪本《我不怕，我有守護熊》、《微光小鎮，圍牆不見了》、《爺爺的有機麵包》、《國王、獅子與錢幣》，及青少年讀物《箴言部落格》、《天生遜咖成大器》。